さきたま文庫

玉嶹山《ぎょくとうさん》 總願寺《そうがんじ》

［改訂版］

文・写真●坂田英昭・野本誠一・前田伴一

不動岡村のお不動さま

新義真言宗智山派玉《ぎょく》嶹《とう》山《さん》總《そう》願《がん》寺《じ》の不動尊は、「お不動さま」の呼称で北武蔵地域の住民はもとより、江戸・下総あたりにまで及ぶ、広い信仰圏を有し、成田山新勝寺の不動尊、武州高幡山金剛寺の不動尊と並び称される、関東三大不動として、江戸時代中頃から明治・大正・昭和にかけて、絶大な信者数を誇った。

明治三八年（一九〇五）の『玉嶹山總願寺縁起』によれば、本尊の不動明王は、平安時代前期の天台宗の高僧智《ち》證《しょう》大師円珍《えんちん》（八一四～八九一）が光孝天皇の病気平癒のため、仁和二年（八八六）に彫刻したものとしている。これが、その後、武蔵国吉見領（吉見町古名あたりと信じられている）に移されていたが、長暦三年（一〇三九）の洪水により現在の地に漂着したものだという。往時は、岡村と

●**新義真言宗**　真言宗は、院政期に高野山に大伝法院を開いた覚鑁（かくばん）により新義が別れた。天正一五年（一五八七）長谷寺の専誉が豊山派、慶長五年（一六〇〇）智積院を開いた玄宥が智山派をそれぞれ開いた。『新編埼玉県史』においては、近世では、新義真言宗としているので、ここでも、これに従って表記した。

●**円珍**　平安時代前期の僧、延暦寺第五世座主。母は空海の姪。一〇歳で叡山に上り、仁寿元年（八五一）入唐。天安二年（八五八）帰国。叡山山王院に住した。台密の祖として、不動明王信仰に厚かったといわれる。

不動堂と境内

錦絵に描かれた不動ヶ岡不動尊

桜の季節の山門（境内側）

称していた地名をこのことから、不動岡村と称するようになったとされる。

不動ヶ岡不動尊は、この時漂着した不動明王像を住民が拾い上げ、堂を建てて安置したものとされ、以来、厚い信仰を集めてきた。しかし、時代が下って一六世紀中頃、永禄の頃となると、この地域は、古河公方上杉氏と小田原後北条氏の勢力の拮抗する地域となり、戦乱のため、不動堂も荒廃し、わずかに本尊と逝多迦《せいたか》童子の二尊のみとなったとされる。

不動堂の別当寺である、玉嶹山總願寺が創建されたのは、元和二年（一六一六）である。高野山にて修業後、諸国を遊説

●不動明王像の漂着　荒川水系の浮遊物が、利根川水系に流れ着くはずもなさそうであるが、堤防のなかった時代を考えると、流れは上から下へであっても、風の影響もある。昭和二二年（一九四七）の大洪水の時は、西南の風が吹いて、似たような現象も確認されている。

こうした伝承により、昭和の初め頃までは、不動尊の縁日に、吉見村の代表が招かれていた。

●不動堂と總願寺　中世においては、不動明王像を安置した不動堂が存在していたが、江戸時代になってから、住僧が入り、檀信徒が組織され、次第に諸堂が整備される中で、本格的な寺院として成立するに至ったと考えられている。別当の文言は、「甲府支族松平家記録六」にも見える。

明治の大火の跡が残る水屋

台座に山号「玉嶹山」の文字が刻まれた天水槽

不動堂に掲げられている「降魔殿」の扁額

正面から見た不動堂と常夜灯

●源信　字を総願と称した。江戸に生まれ、両親を失って、一五歳にして高野山に上る。二九歳で山を降り、諸国を巡回遊説した。三五歳の時、不動ヶ岡不動尊に止宿した折り、病に伏したが、病気平癒後も留まり、不動堂の復興にあたった。

していた僧源信《げんしん》が荒廃していた、不動堂再建のため発願《ほつがん》、建立したものである。源信は玉﨔山總願寺の創建者と縁起には記されるが、『新編武蔵風土記稿』（一八三〇年成立）では、開山は宥智とし、承応四年（一六五五）入寂としている。

文化八年（一八一一）の總願寺文書によれば、宝永三年（一七〇六）に不動堂を建立したとの由緒記述があるので、不動ヶ岡不動尊および、總願寺は、少なくとも江戸時代前期までには、寺院としての姿を整えたものと考えられる。

鐘楼

寄進者名札

不動信仰と不動尊縁起

不動信仰は、現世利益《りやく》を求める庶民の間に広まってきた。とくに、降魔、病気平癒などを加持祈祷《かじきとう》する修験道《しゅげんどう》では、開祖である役小角《えんのおづぬ》や金剛蔵王権現を越えて、不動明王を主尊として崇拝の対象としてきた。

こうした、不動明王信仰と修験道を結びつけたのは、本山派修験、三井寺《みいでら》の円珍であった。三井寺は、当初本山派修験を統括し、台密《たいみつ》の拠点となっていた。円珍などの密教僧侶が信仰した不動明王の忿怒《ふんぬ》の姿が、荒ぶる神の力を体得して鬼神を使役したいと願う修験者の志向にあったからといわれている。

總願寺縁起において、本尊不動明王を彫刻したのが、智証大師円珍であるとしたことも、不動信仰の歴史的経緯を考えればうなずける。このことは、不動ヶ岡

柴燈護摩

不動尊の信仰に近世以前における、修験者の関わりを想起させる。

また、總願寺の年中行事をみると、九月二八日の秋季大祭において修行される火渡り式では、現在でも、木曾御嶽教《おんたけきょう》先達《せんだつ》（行者）がその進行をとりしきっている。御嶽教は、明治初年にそれまでの御嶽講の行者を群馬県館林の下山応助ら

●役小角　修験道の祖として信仰の対象となっているが、史料上明らかではない。役小角伝説は、平安中期の「金峰山本縁起」で確立したとされる。

●本山派と当山派　修験道は平安時代天台宗・真言宗の密教僧の山岳修行から始まる。このうち、熊野の三井寺の聖護院に統括された修験者を本山派、吉野の金峰山を修行の中心として後に室町時代に醍醐の三宝院に統括される修験者を当山派と称した。

の努力で大同団結してできた教派神道である。

中世の御嶽山は、厳しい入山修行を行わなければ入れない専門家修験者の山であった。それが、江戸時代に入って、武蔵国においては、寛政四年（一七九二）に秩父郡の本山派修験、普寛《ふかん》が厳しい入山修行の慣例を破って一般信者集団を引き連れて強行入山してから、代参講《だいさんこう》の信仰対象として、本県地域でも各地に講が組織されるようになった。

總願寺の多くの信徒が不動ヶ岡不動尊講という形態をとって江戸下町から下総まで広まっていったことも、この寺院と修験との関わりを考えるうえで示唆的である。

火渡りの松明

柴燈護摩点火

火渡り式ー御嶽教先達が火渡り式を執行

火渡り式ーこの火を渡れば願い事がかなうといわれる

朱印状の発給願い

徳川家康は、天正一八年（一五九〇）関東に入国すると政権安定策として盛んに有力寺院への朱印状（寺領寄進）の発給を行った。寺院にとっては、朱印状の発給を受けることは、寺領経営の安定につながるだけでなく、家康によって、宗派ごとに統制された本末制度の中で、寺格を高め末寺経営を安定させる大きな意味があった。

江戸幕府の朱印状の発給は、『新編埼玉県史』によれば、家康の時代から三代家光による慶安二年（一六四九）までで、以後、新規発給は打ち切られた。

武蔵国では、家光の、寛永年間から慶安二年に、新規の朱印状発給を積極的に行っており、埼玉県域の朱印寺社の四分の三がこの時期に受給している。

しかし、總願寺のほか騎西・龍興寺、岩殿（吉見）・安楽寺などの古刹がこの時期の受給に間に合わなかった。

そこで、總願寺では、翌、慶安三年に幕府代官の推薦書をもって寺社奉行に朱印状の発給を願い出た。だが、幕府の方針を変えることはできず、その後も四代家綱、五代綱吉、六代家宣と代々の将軍に朱印状の新規発給を願い出たが、ついに聞き届けられなかった。

ただし、不動尊仏供料として、二〇石六斗三升は、御除地（免税地）とされていた。

●朱印状　幕府による、寺院保護政策の一環として、寺領の寄進に際して発給される文書。埼玉県域では、おおむね、一寺院当たり、一〇石から一五石程度と少なかった。しかし、将軍から直接の寄進地を得ることの権威は、寺の格式にとって大きな意味をもっていた。

●本末制度　江戸時代に制度化された寺院組織。家康により各宗派の本山の権威が定められ、①末寺住職の任免②末寺は本寺に絶対服従③宗派の教学は本山が独占④僧階格付けは本山とするなど、全宗派全寺院は、幕府の厳しい統制下におかれた。

江戸の出開帳と越智松平家

近世における寺院は、幕府による寺院統制や寺請制度の整備を経て確立するとともに固定化されていった。近世初頭における幕府の寺院統制は、一律一斉に実施されたのではなく、各宗派ごとにその動向を見て「寺院法度《はっと》」をそれぞれの宗派ごとに制定する形ですすめられた。これにより、本山の末寺に対する絶対的権威と本山の経済的基盤が確立されたといわれている。一方、地方の寺院は、本山への報謝金等の上納資金を確保するため、いっそう村落との結びつきを強めていったが、幕府による「寺請制度」の整備により、その経済的基盤が確保されたとされる。おおむね、近世中期頃までに寺院の規模や檀家数は確定し、以後、固定的な宗勢を維持するにとどまる寺院が多かった。

しかし、これは、民衆の信仰心や自由な宗教活動と必ずしも一致するものではなかった。商人や農民の経済的発展とともに既成の宗派や檀家組織から離れ、代参講などの信仰活動が寺檀制度の束縛から解放された自由な宗教活動として、江戸時代後期には活性化していった。

こうした庶民信仰の高まりを背景として總願寺は、大きく寺勢を拡大することに成功した。そのきっかけとなったのは、館林城主松平（越智《おち》氏）清武《きよたけ》の庇護を受けられるようになったことである。清武は總願寺を自己の祈願所とした。その信仰の深さを示す書状三六点が總願寺に伝存されている。こうした館林松平家の庇護により、總願寺は、宝永元年（一七〇四）と宝暦二年（一七五二）の二度、江戸において本尊・不動明王像を開帳し、火防《ひぶせ》不動《ふどう》の名声と信仰を確かなものにして

●寺院法度　幕府は、各宗派ごとに法度を定めることで、宗派本山の権威を保障した。これにより、宗派組織を利用して末端寺院まで統制した。

●寺請制度　島原の乱以降、幕府はキリシタン弾圧を強める中で、すべての人を仏教の信者とするため、寺院による檀家証明を人々に課した。そのため、寺が檀家であることを証明した「宗門人別帳」が実質的な住民台帳の役割をした。これを寺請制度という。

●松平清武　甲府徳川家、綱重の二男で五代将軍家宣の実弟。初め越智と称したが、宝永四年松平の称号を許可される。この時、館林城主に封ぜられるが、これ以前、宝永二年に埼玉郡ほか二千石の加増を得ているので、總願寺との結びつきも、この頃より始まったとみられる。

寛文三年十月二十日生まれ、享保九年九月十六日没、享年六十二歳。谷中の善性寺に葬られる。

いった。

江戸での開帳の許可を記録した寺社奉行の「開帳差免帳《かいちょうさしゅるしちょう》」「開帳願差免留《かいちょうねがいさしゅるしどめ》」を分析した比留間　尚氏の『江戸開帳年表』によれば、一回目の宝永元年の江戸出開帳《でがいちょう》は、秋に行われたが開帳場所は不明である。二回目の宝暦二年の出開帳は、江戸時代最も出開帳が盛んに行われ、大勢の参拝者を集めた江戸本所の回向院《えこういん》で行われ、七月朔日から八月晦日までの六〇日間開催された。

一方、總願寺文書では、宝永二年に深川永代寺八幡社境内で出開帳を行ったと記載されているほか、『甲府支族松平家記録六』にも、宝永二年の夏に深川永代寺にて開帳をしたとある。この開帳は、「開帳願差免留」では確認されないが、開帳の許可が制度化される以前のことであり、

回向院開帳参りの図（江戸名所図会十八図）

●開帳差免帳　寺社奉行が江戸での開帳の許可を記録した文書。旧幕府引継書として、現在、国立国会図書館に収蔵。

●開帳願差免留　幕府による開帳統制策が固定化する以前、元禄〜宝永の開帳許可の記録。現在は内閣文庫に収蔵。

●出開帳と居開帳　神仏の本体の開帳には、本体の安置されている寺社で行う居開帳（いがいちょう）と、他の寺社を開帳の場所（宿寺）として行う出開帳があった。これらは、全国各地で行われたが、多額の臨時収入をもたらす江戸での開帳が圧倒的に多く開催されている。

●甲府支族松平家記録六　京都大学法学部所蔵（群馬県立文書館にCI本有）享保年間に編纂された越智松平家記録で、第六冊の享保六年（一七二一）三月二七日の条に、「不動岡村不動尊へ御代参として本多舎人を使わさる……此の不動尊は、太祖君（清武）かつて信仰し給ひ宝永二年の夏深川永代寺にて開帳せしとき自ら参詣し給ひ、三ヶ年の間正五九月に初穂をそなへ給ふべき旨、約し給ひ、是より

毎年三度づつ祈禱の礼を進上す。翌宝永三年正月一万石を拝戴し給ふ時、別当總願寺の主僧へ御自筆の書状を以て金二百疋をそなへ給へり」と總願寺留書が引用されている。この条には、さらに続けて、「是より引き続き、三世君まで毎年正五九月礼を進上せし。棚倉へ移られるに（転封）よって、停止給ひけるが、再封（館林に戻ったとき）の後、宝暦の始めにいたりて住持が願ひにより又、故のごとく差上べき旨、命ぜらる」と記載されており、このことは、總願寺文書とも符合している。

●松平武元　越智松平家三代、享保一三年九月末期養子に入り、家督を継ぐ、越智松平家は、この時、陸奥棚倉に転封となったが、延享三年には、再び館林に転封となり、戻ってきた。この間、延享元年には、寺社奉行、同三年には、江戸城西丸の老職に任ぜられている。

●正徳元年（一七〇四）六月二五日　松平清武書状　この書状をもとに、加須市は条例を制定し、六月二五日を「加須うどんの日」と定め、㈳日本記念日協会に正式登録した。

宝永二年に実際に行われたか、あるいは、留め書きに記された宝永元年の願いが実際には翌二年に実施されたものか、今のところ不明である。

いずれにしても、總願寺が、二度にわたって江戸での出開帳を開催したことは、戦国時代に荒廃してしまった不動堂を再建する資金を確保するためと、江戸での信者獲得により信仰圏の拡大を図る効果があった。

江戸時代、寺院の再建修復に対する幕府の助成策としては、公の募金活動を許可する「御免勧化《ごめんかんげ》」と都市部での本尊開帳興業を許可することがあった。御免勧化が老中の許可であったのに対して、開帳は、寺社奉行の寄合の席で許可されたので比較的許可が得やすかったといわれている。それでも、江戸での出開帳は、一年を四季に分け、一季五件以内という制限があったといわれ（『江戸の開帳』比留間尚）、寺社奉行が厳しく統制していたわけであるから、館林城主松平家の推挙は大きな力となったと考えられる。

總願寺文書に残る三六点にも及ぶ松平清武の書状の中には、「昨日は　御来儀殊御礼(します。)　温飩粉《うどんこ》(を)　御持参(いただき)過分(に)　存(じ)候」(總願寺文書七一)の文言も見え、總願寺が折にふれ松平家への年始・祈禱・祝儀等に際し、訪礼を尽くしていた様子が伺える。この文書は、「加須うどん」に関する文献上の初見と考えられる。

總願寺は、こうした松平家との密接な関係を重視しており、三代の松平武元《たけちか》の代に一時、松平家は陸奥国棚倉に移封となったが、延享三年(一七四六)に再び館林に戻ると、寛延元年(一七四八)には、引き続き同家の祈禱所となれるよう寺社奉行に願い書を提出している（總願寺文書）。

こうして、越智松平家の支援を得て江戸出開帳を実施した成果があり、總願寺は、宝永三年（一七〇六）には、不動堂の再建を果たしている（總願寺文書）。

明治期の縁起によれば、五代将軍徳川綱吉の信仰を得たことが見えている。これも越智松平家の祈願所となったことがその背景に伺えよう。

江戸信者の拡大

出開帳により、火防不動《ひぶせふどう》としての名声を博し多くの信者を獲得したことは、本末制度や寺請制度で固定化してしまった寺勢を拡大する好機となった。宗門人別帳に拘束され、生まれながらにして定められていた檀家ではなく、信心行為として自らの意志で帰依する宗教活動は、江戸庶民の旺盛な経済活動にささえられ江戸中期以降、大きく発展していった。

こうした江戸庶民の願いを受け入れ、總願寺では、積極的に江戸での庶民信仰に門戸を開いていった。まず、正徳元年（一七一一）には、江戸からの参詣者の増加に対応するため、總願寺から南方（札羽村方面）への新道開設を領主に願い出ている（總願寺文書）。これによれば、毎月二八の縁日には昼夜を問わず各地から信者の参詣が後を絶たず、特に正月二八日には「参詣の男女群集」する状況となり、南方からの参詣者が難儀しているとして、不動堂から南に向かって長さ一〇〇間（九〇〇㍍）幅三間（五・四㍍）の新道を總願寺は、自己負担で開削している。

また、安政元年（一八五四）には、江戸からの参詣者の増大化に備えるため、日光街道幸手宿の町内新八宅の角に不動尊案内石（道しるべ）を建設した。こうした總願寺の積極的な信徒拡大策が奏功し、門前は、市をなす状況になっていった。

總願寺門前町の形成は、延享元年（一七四四）の門前借地証文が初見であるので、この頃までには成立していたと考えられる。

これによれば、間口四間半（七・九㍍）・

●**宗門人別帳**　村ごとに作成され、領主に提出された住民台帳で、寺院が自分の寺の檀家であることを証明しなければならなかった。犯罪者などは、「帳外れ」として、この宗門帳から外され、身分を失った。

●**幸手宿の道しるべ**　總願寺文書に見られる幸手宿に建てられた總願寺の道しるべは、現在、その所在が不明である。「幸手の道しるべ」（昭61年刊）によれば、幸手市中四丁目の妙観院に、かぞ・わしの宮道を示す石碑が残っている。同書には、寺案内の石碑も見られることから、總願寺案内石碑のような対策をする寺院は他にもあったようである。

門前町の名物五家宝店

奥行七間（一二・六㍍）で代金一分二朱を毎年暮れに總願寺に支払っていたことがわかる。こうした、門前借地証文は、不動岡村の住民からのものだけでなく、騎西町の商人とみられる者からのものもあり、總願寺門前に、近郷の人々が集まり町を形成していった経緯を伺い知ることができる。

山門前のうどん屋

不動堂の再建

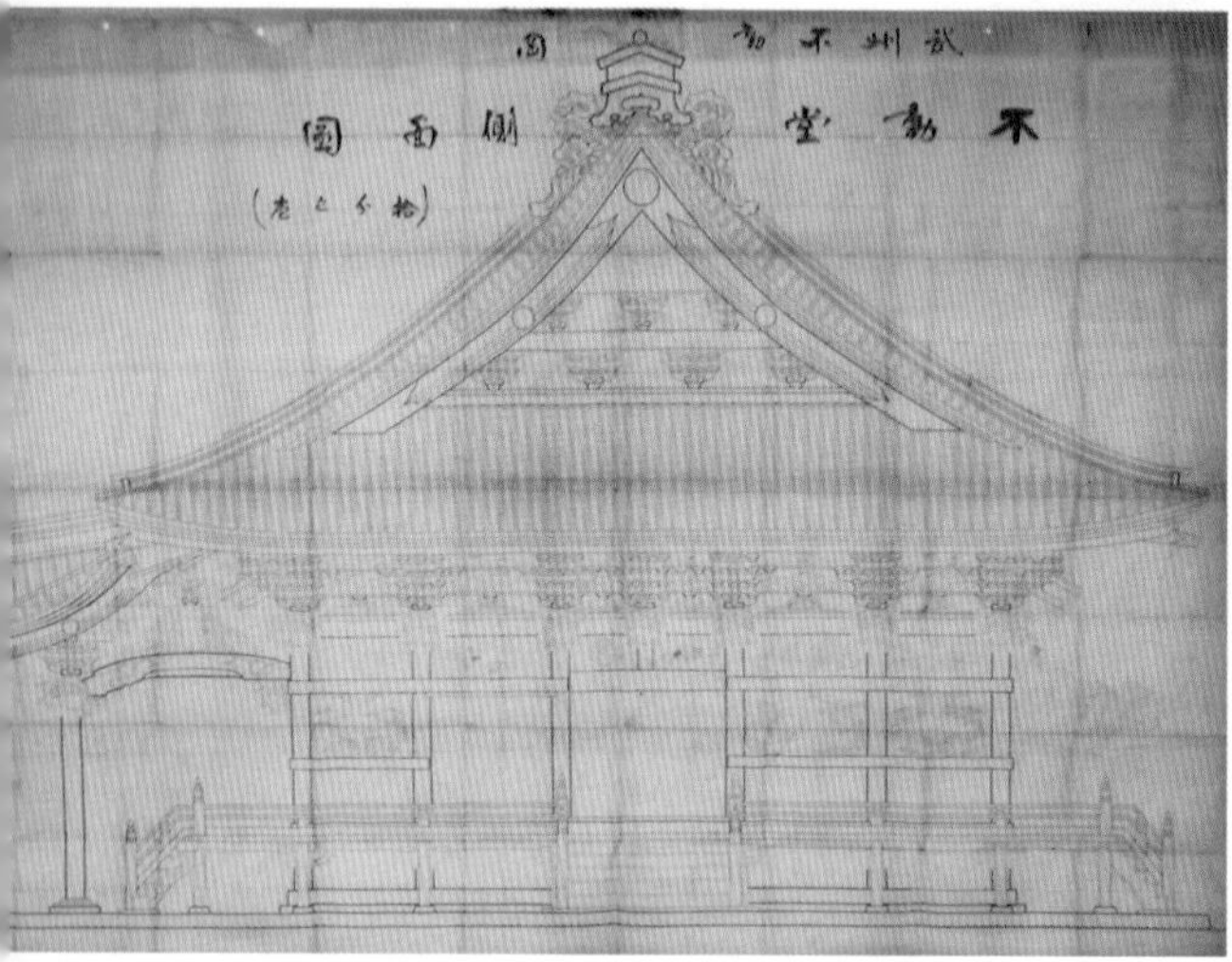

不動堂絵図面（三村正利家文書）

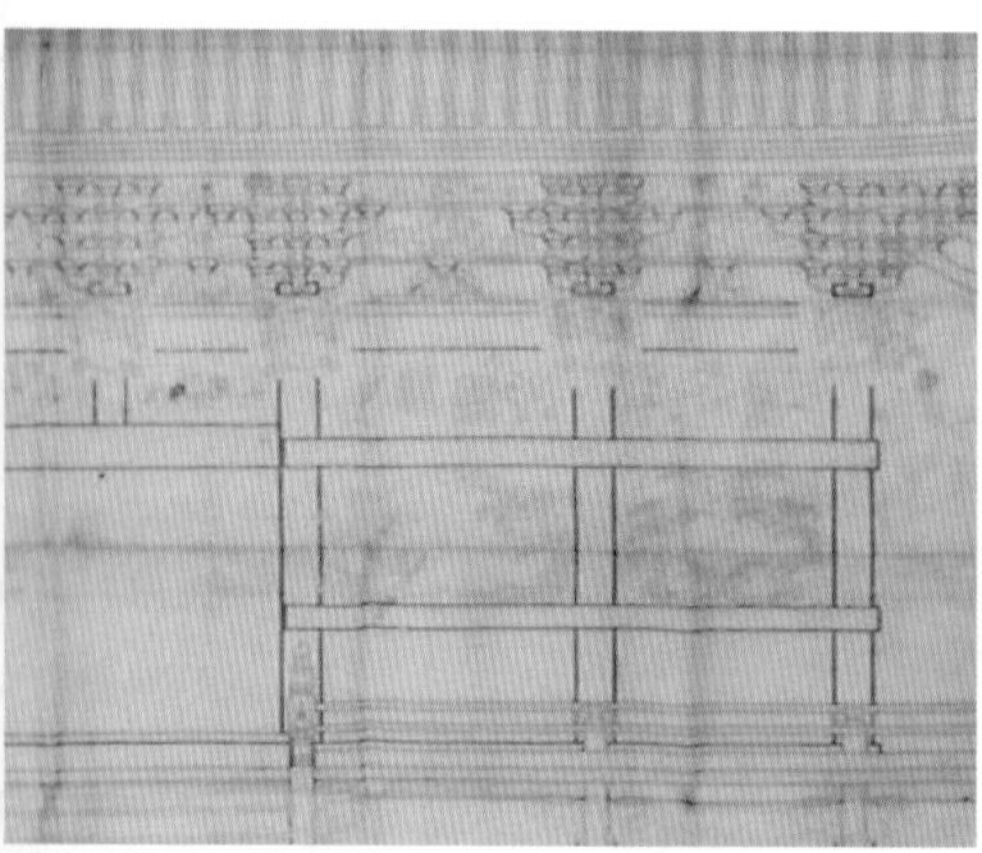
不動堂絵図面（拡大図）

多くの木造寺院の宿命として、火災による焼失や長年の老朽化による、再建修理には、莫大な資金が必要であった。

總願寺においても、縁起によれば、明

和八年（一七七二）には、客殿その他を焼失してしまった。この時は、五世秀意法印が山門・庫裡を再建するとともに、六世秀戒法印が、堂塔伽藍を整備し、黄銅常夜灯を建立しており、中興的な役割を果たしている。

不動堂については、この折り、焼失は免れたが、当時の不動堂は、宝永三年（一七〇六）に建立されたもので百年以上の年歴を経て老朽化が進み、「大破」の状況となっていた。

●祠堂金　神社や寺院の建立・再建のための資金を積み立てたものをいう。

寺社には、こうした名目の基金があったので、この資金を運用するため、他の寺院や農民などに貸し付けていた。庶民が互いに掛け金を出し合って金融を行った「頼母子講」と並んで、近世における民間金融として大きな役割を担っていた。

境内にある秀戒の墓石

そこで、光雅の代になり文政九年（一八二六）には、不動堂の再建に着手した。文政一二年には、河亦村（現羽生市）の宮大工・吉左衛門の図面（設計図）を諸職人が了承して、準備が進められた。

また、箕田《みだ》の龍晶寺文書（現鴻巣市）によれば、「豊山御寄付金三百両拝借下請金……今般、拙寺、不動堂再建、相企《あいくわだて》候につき……」と見え、この時の、不動堂再建に際しては、近隣村落からの勧化や講信徒らの寄進に加えて、豊山（京都・長谷寺）の祠堂金からの支援も受けるほどの大造営計画であった。

しかし、光雅が急逝したため、再建は頓挫《とんざ》してしまった。天保六年（一八三五）再び、近郷村々の協力を取り付け、再建資金を集める「勧化」の方法などについて取り決めを交わした（『加須市史資料編』）。

そして、天保九年（一八三八）ついに完成した。この時には、見せ物小屋なども立ち、盛大な落慶の居開帳が実施された（總願寺文書）。

本山直末と寺格の上昇

元禄期以降、江戸庶民の信仰熱の隆盛とともに経済的基盤を拡大していった總願寺は、宗門内での寺格の上昇をも果たしていった。前述のように、本山を頂点とする各宗派ごとの本末制度は、本山―田舎本寺―末寺―孫末寺という厳格な格式で構成され、固定化されていた。しかし、總願寺は、増大した江戸を中心とする信徒群を背景として、この江戸時代初期に固定化されてしまった寺格を自らの努力で上昇させていった。

新義真言宗總願寺は、本末制度が成立する中で上羽生村正覚院の末寺として位置づけられていた。總願寺は、拡大した檀信徒、江戸などの講信徒の経済力を背景として弘化二年（一八四五）、本寺であった上羽生村正覚院から離末し、京都の大本山、御室の仁和寺の直末寺《じきまつじ》となった。總願寺文書には、この時、仁和寺の宮門跡《みやもんぜき》から下付された直末許可の令旨《りょうじ》が伝存している。

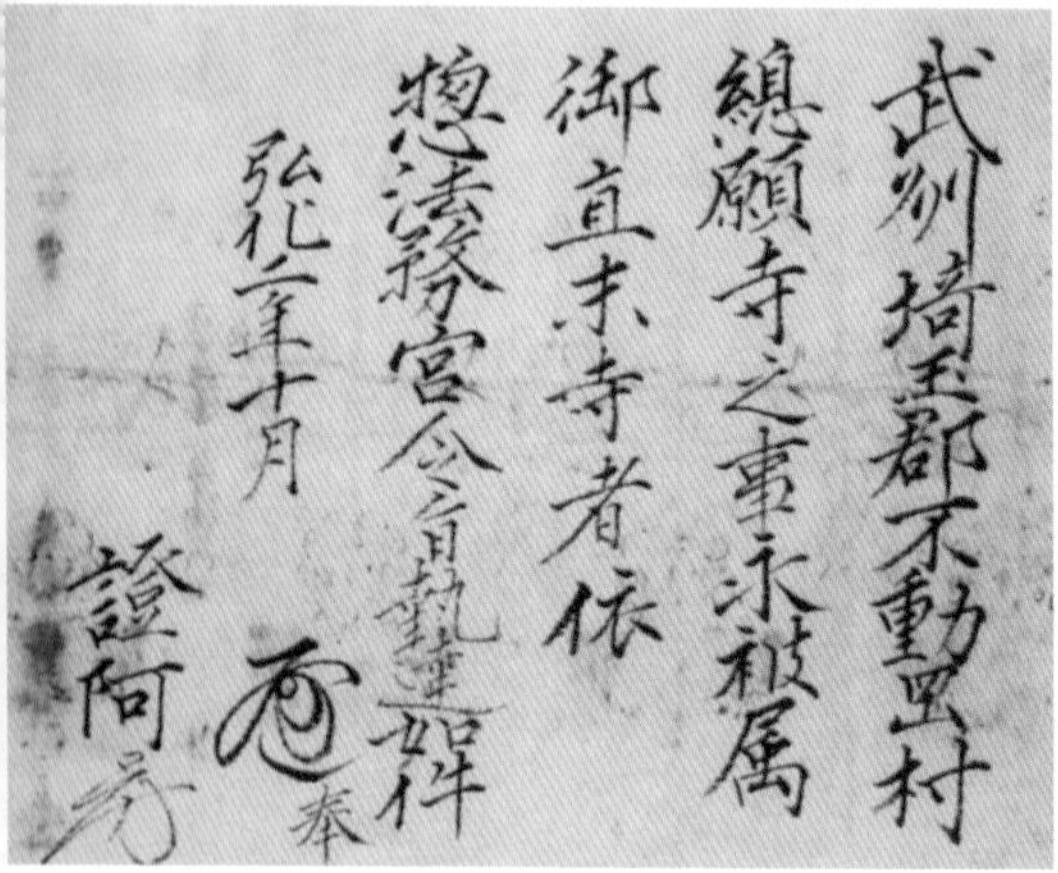
武州埼玉郡不動岡村
總願寺之事永被屬
御直末寺者依
惣法務宮令旨執達如件
弘化二年十月
奉
證阿

仁和寺の宮　令旨

●**仁和寺**　京都右京区御室大内にある真言宗御室派の総本山。仁和寺門跡・御室御所ともいう。光孝天皇の御願により造営を始め、宇多天皇の仁和四年（八八八）に落慶。宇多上皇が出家して、御室に入ってから代々皇族が法皇となった。こうした寺院を宮門跡・門跡寺院といった。

山門

京都の本山である御室の仁和寺の直末寺になることは、仏法の正当性を示す印《いん》信《じん》・血脈《けちみゃく》などの下付を受け正当の法流《ほうりゅう》を受け継ぐことで、田舎本寺としての格式を得ることを意味していた。江戸時代、埼玉の新義真言宗寺院が本山直末の許可を受けたのは、わずかに二五ケ寺であり、その大半が元禄期以前の本末改めに伴うものであることを考えれば、近世後期の直末許可は、きわめて例が少なかった（『新編埼玉県史通史編3』）。

總願寺は、この時までに、不動堂・客殿・山門の再建を果たしており、寺勢の拡大期に当たっていたため、多額の報謝金などの出資にも十分に耐えうるだけの財政基盤が確立していたといえる。

その後、諸建造物は経年の老朽化が進んでいたが、現在、總願寺中興第二十世山口眞司住職は、平成一九年（二〇〇七）に『平成の大改修』を発願、不動堂、山門他、伽藍の大改修を推進している。

信者数日本一

江戸時代に、拡大した總願寺の講信者組織は、明治以降も発展を遂げ、不動詣りはますます盛んとなっていった。

しかるに、明治一六年（一八八三）の冬に、近隣の失火から門前町に延焼が及び、黒門と仁王門を焼失してしまった。

だが、寺勢盛んであった總願寺は、第十四世増田蓮舟法印の本《もと》、直ちに再建に着手し、明治二三年には、仁王門と籠堂の再建を果たしている。また、黒門は、門前住人で土木請負業をしていた田村重兵衛氏が明治六年に解体移築されていた旧忍城《おしじょう》（現行田市）の北谷門を明治二二年に払い下げを受け、總願寺に移築した。

こうした、明治期の總願寺の寺勢を物語るものとして、信者数日本一の碑が境内にある。これは、第十五世山口定道法印代のもので、明治三四年七月に中央新聞社が全国の神社仏閣に対する信仰の情勢を投票によって調査した結果、不動ヶ岡不動尊の信者数が全国一位となったことを記念して建てられたものである。碑面に刻まれた信徒の住所を見ると、東京の下町が圧倒的に多く、その他千葉・川越・静岡など広範囲の信者を得ていたことが分かる。東京の信者の多くは、「講」を組織していた。

例えば、「深川辰巳講」は、東京の京橋・

●中央新聞社　中央新聞社は、後に毎日新聞に吸収された。当時、總願寺は、地元代議士斎藤圭次と結びつきがあったが、同氏と中央新聞社が関係が深かった経緯もあって、同社と總願寺との結びつきが生まれたといわれている。

深川辰巳講奉納の不動剣

深川・芝・浅草・下谷が中心であったが、横浜・宇都宮と拡大し、約一〇〇名で構成されていた。その他、「清島講」「東京敬信講」「東京丸信講」「東京栄久講」等が存在した（境内碑文等より）。

大正二年（一九一三）、第十五世山口定道法印を中心に、地元でも加須の野本三之助氏・清水近太郎氏・若林金蔵氏らにより「敬信会」が組織され、加須不動岡間の新道開発、境内裏の公園設置など、広範な信者組織を生かして、不動ヶ岡不動尊詣りをますます盛んなものにしていった。

明治三五年の東武鉄道の開通により、不動尊の信仰圏はいっそう拡大し、戦前期までは、正月の初不動、二月の鬼追い豆まき式には、東京から臨時電車が増発され、戦後も、栗橋から臨時バスが運行されるほど賑わった。

信者数日本一の碑

赤門

境内をめぐって

【加須市指定文化財】

●黒門

明治一六年（一八八三）付近の民家から出火した火災は、大火となり門前町一帯を焼失した。この火災で仁王門と黒門を焼失した。この火災の痕が今も御水屋の欄間に見られる。現在の黒門は、地元の土木請負業・田村重兵衛氏が、忍城《おしじょう》取り壊しの際、北谷門の払い下げを受け、明治二二年に移築寄進したものである。総欅造りで、門扉は一枚の玉木理である。忍城の城門として現存する唯一のものである。構造が、天保一三年（一八四二）築造の桃林寺本堂の欄間と同様式であることから、同年代のものと比定される。

●總願寺不動堂

銅板葺き、桁行五間（九メートル）、梁間五間の入母屋造りで、設計・建築は河亦村の宮大工・吉左衛門。羽生市本川俣の三村正利家には、不動堂絵図面が伝存しており羽生市指定文化財となっている。

築造年代は、天保九年（一八三八）に不動尊開帳を実施していることから、同年と比定される（總願寺文書）。

不動堂は、加須市内における代表的な江戸寺院建築物である。

●倶利伽羅不動剣

總願寺本堂内にあるこの剣は、台座が鉄製で、長さは二尺五寸（七六センチ）、竜および不動剣は銅製である。「羽生領不動岡村玉嶹山不動院惣願寺、元文四年（一七三九）九月吉日、佐野天明町住、大工長谷川弥市藤原秀勝作之」の銘がある。

羽生城主木戸伊豆守忠朝の奉納ともいわれる（『埼玉県北埼玉郡史』）。

總願寺不動堂（市指定文化財）

倶利伽羅不動剣（市指定文化財）

黒門（市指定文化財）

散蓮華模様板石塔婆（市指定文化財）

芭蕉翁句碑（市指定文化財）

●散蓮華模様板石塔婆

地上高一四〇㌢、幅六〇㌢、厚さ九㌢で身部を取り囲む帯状の枠線内に蓮弁を散らし、中央に蓮座にのる阿弥陀種子《あみだしゅし》を薬研彫《やげんぼ》りにし、下部の左右両側を矩形に彫りくぼめ、一対の五輪塔を刻みだす珍しい構図のもの。

板石塔婆の縁に散蓮華模様のあるのは珍しく、このほかには佐野市一向寺に一基ある。鎌倉時代末期のものとみられる。

●芭蕉翁句碑

松尾芭蕉が元禄七年（一六九四）に亡くなって、天保一四年（一八四三）に一五〇回大遠忌追善供養のために、この付近に住んでいた文人たちが建てたもので「曙ゆくや二十七夜も三日の月」の芭蕉の名句が刻まれている。

【その他の見所】

●全国神仏信者数第一位記念之碑

明治三四年中央新聞社で全国神社仏閣に対する人気投票を行った時、總願寺が

大日堂

全国第一位となった。それを記念して記念碑と二基の大灯籠が建てられた。この大灯籠は一丈八尺（五・四五メートル）の人造石で、東京美術学校教授竹内久一氏が設計した。一位になったのは庶民の總願寺に対する信仰の厚かったことを意味する。その栄誉を永遠に伝えるために造られたものである。記念碑には、尾形雲海師の揮毫で「全国神仏信者数第一位記念之碑」の一四文字が彫刻されている。

●参籠堂

縁起によれば、この籠堂では、陰暦正月・五月・九月に、参籠通夜が行われ、降魔怨敵衆病退散・安産などの現世利益を求めて大勢の信者が押し寄せた。その活況のほどは、籠堂ばかりでなく本堂庫裡から書院の廊下、別院まで人で埋め尽くされたと記されている。籠堂の不動明王像は、第四世秀精の宝永元年（一七〇四）の江戸出開帳の折り、綱吉より拝領し、御朱印五十石を賜ったとの伝承がある。

また、別の伝承では、文久四年（一八

書院

大玄関

参籠堂

六四）この籠堂にかくまわれていた讃岐丸亀の河西祐之助という浪人が、總願寺住職の勧めで出家する気になり、江戸表の縁ある寺で剃髪することになった。大宮宿を過ぎ針谷宿（与野駅の近く）で、水戸家の侍、宮本鹿太郎と助太刀の者四人に討たれた。一本杉の仇討ちとして、その地に小さな石碑が建っている。河西祐之助は宮本左一郎を下総国津ノ宮で口論の末切り捨て、その後逃れて籠堂で食客となっていたのである。常に身を守る態度を崩さず、剃髪出家の心境で、討たれる覚悟をしていて、ほとんど抵抗しなかったと伝えられている。

●黄銅の常夜灯

本堂前にある一対の常夜灯のうち、一基は、黄銅製で、高さ二丈一尺（六・三メートル）、享和三年（一八〇三）の銘があり、上部兵部、源満正の共作とみられる。

●渋沢栄一来遊記念論語碑

この碑は、「近代日本経済の父」と称された渋沢栄一が、大正七年（一九一八）一一月二日に加須に来遊し、講演したことを記念し、その二年後の大正九年秋に建てられた。高さは四・二メートル、横一・九メートル、厚さは二〇センチである。

碑の表面には、「渋沢栄一来遊の由来」として、次のように記されている。

●碑表面の論語と意訳

言忠信行篤敬雖蠻貊之邦行矣言不忠信行不篤敬雖州里行乎哉

（意訳）言葉が誠実で行いに真心があれば、世界中、どこへ行っても物事はうまく進む。しかし、言葉がいいかげんで、行いに真心がなければ、生まれ故郷でさえ、思うようにはならない。

「渋沢栄一は埼玉県民挙げて敬慕する人物であり、加須の人々は先生（渋沢）の来遊を切望し、先生はこの願いを快諾した。

大正七年一一月二日には、加須への来遊が実現した。加須小学校と私立埼玉中学校（現埼玉県立不動岡高等学校）で、青少年期の勉学の重要性について説き、労使協調についても講演を行った。

渋沢栄一の公演を聴いた地域の人々は大変感激し、先生来遊の事実を石に刻み、後世に伝えるものである。」

渋沢栄一来遊記念論語碑

渋沢栄一来遊記念写真
（前列中央の杖を持った人物が渋沢栄一）
大正 11 年 4 月 23 日
公益財団法人 渋沢栄一財団
渋沢栄一資料館提供

年中行事と町おこし

○不動ヶ岡不動尊詣り

玉嶹山總願寺の本尊は、降魔の妙相厳然として、信仰する者に息災延命・利益を及ぼす法力があるとされる。二月の節分の鬼追い行事、九月の火渡り式は、現在でも、大勢の参拝者で賑わう加須市の伝統行事となっている。

正月恒例の出初め式

◎主な年中行事

正月一日　新春山門開き
正月二八日　初不動大祭
二月節分　鬼追い豆まき式
　稚児《ちご》練供養《ねりくよう》
二八日　初不動（月遅れ）
五月二八日　春季大祭
八月一六日　山門開き
九月二八日　秋季大祭
　柴燈《さいとう》護摩《ごま》火渡り式
一一月　七五三子育て特別御祈禱
一二月八日　おすす取り
　秘仏本尊お開帳
二八日　納めの不動
大晦日　除夜の鐘供養

新春大護摩供

新春山門開き

火渡り式

新春山門開き－初詣

●火渡り式

九月二八日柴燈護摩火渡り式が行われる。大護摩で焚いた火は大松明に移され、正午本堂から火渡り式の斎場に運ばれる。不動尊は火炎の中に現れ、その火は一切の煩悩を焼き尽くすといわれる。火渡りの道が作られ、まず行者が渡り、続いて一般の人々が渡る。渡ることにより一切の罪穢《つみけがれ》は除かれるといわれる。火を渡る善男善女の列が長く長く続く。

●節分会「鬼追い豆まき式」

總願寺で節分に行われる節分会は「鬼追い豆まき式」といわれ、寺伝では三五〇年前から続くとされる行事である。不動堂では真赤に燃え盛る火が、激しいドラの音とともに、三メートルほどの大松明に移され、それを持って赤鬼が回廊に現れ、剣を持った青鬼、棍棒《こんぼう》を持った黒鬼が後に続き、本堂の周りを逃げまわる。この三匹の鬼をめがけて「福は内、鬼は外」と叫びながら豆を投げて、無病息災・五穀豊穣・交通安全等を祈願する。

この祭りは、戦前には東京から臨時電

稚児練供養に参加したお稚児さん

節分会ー稚児練供養

加須うどんマップ

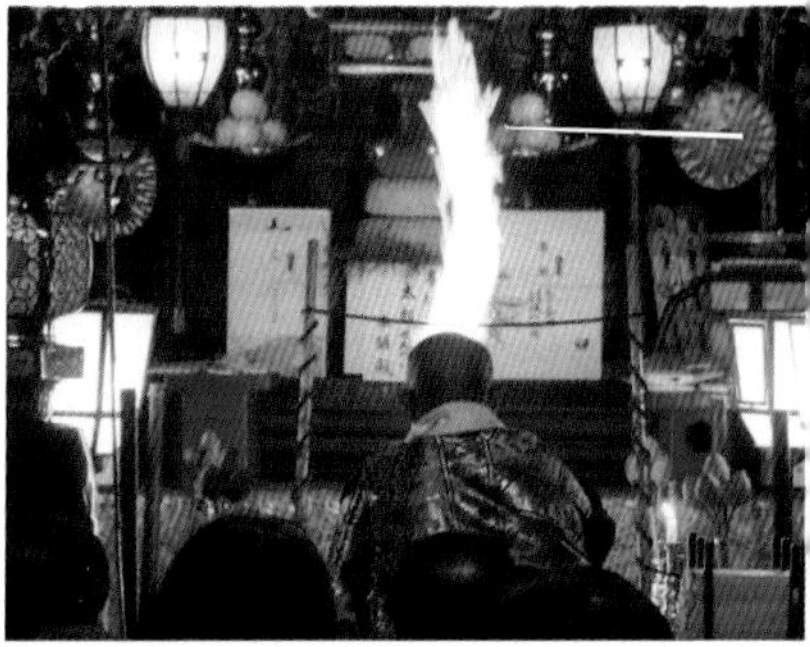

鬼追い豆まき式―大護摩供

鬼追い豆まき式

車が増発されるほど賑わっていた。戦後は昔ほどではなくなったが、近年勢いが回復しつつあるようである。

◎主な町おこし

●うどん

　この地方では、總願寺文書に、館林城主松平清武に饂飩粉を贈ったことが見えるなど、早くから、うどんが名物として人々に好まれていた。總願寺門前でも参拝客を相手にうどん屋が営業している。加須市内には、約三〇軒のうどん屋があり、加須うどんマップなどを作り、町おこしに一役買っている。

◆うどんの日　六月二五日

〈加須市の伝統的な食文化である「うどん」の魅力を全国に発信するとともに、「加須といえばうどん」を定着させるため、六月二五日を加須市うどんの日と定める条例を制定しました。

　不動ヶ岡不動尊總願寺に、加須名物の「饂飩粉」を贈られた館林城主からのお礼状が残されており、そこには六月二五

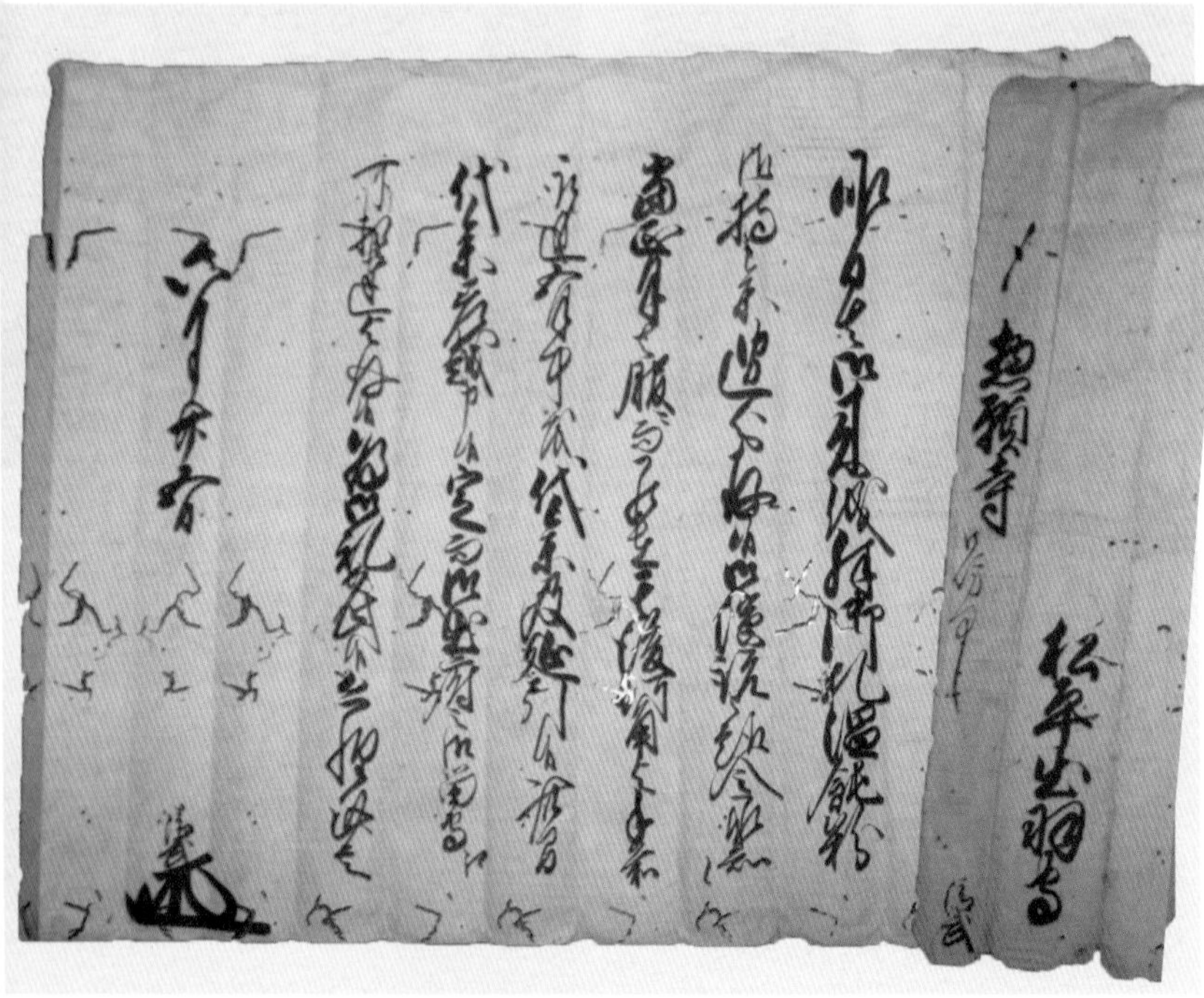

「饂飩粉」を贈られた館林城主松平清武から總願寺への礼状

日の日付が記されています。
このお礼状の日付にちなんで、六月二五日を加須うどんの日とすることにしました。また、このお礼状により、加須市のうどん食文化が江戸時代から三〇〇年以上続く伝統を有することが確認できます。〉加須うどんマップより

●五家宝

不動尊前には五家宝の店が並び、名物となっている。発祥の地は上州五箇村とか武州飯積村ともいわれるが、この加須市不動岡は五家宝中興の地といわれている。永い伝統の技術を活かし厳選して作られる。干し飯を蒸して棒状にまとめたものに、水飴を塗りきな粉をまぶしたもので、上品な甘さと柔らかい舌ざわり、さらりとした味が魅力である。

江戸時代の才人、太田蜀山人は随筆の中で、「安永六年日光道中にて見し駄菓子に、五箇棒というものあり、形大にしてその質もまたおこし、米をもて作りたり味わうべし」と書いている。

こいのぼり感謝祭－春季大祭に行われる

五家宝店

人形供養－春季大祭に行われる

桜ミッドナイト

●伝統寺院を中核に、町おこしを目指す不動岡浪漫研究会

總願寺と總願寺門前町のさらなる発展を目指して、今、かつての門前住民が立ち上がり、大勢の人々が町を歩き、ゆったりとした気分に浸ることができ、ふるさとに来たような「心」のある町に戻したいとの意気込みで、一九九三年に「不動岡浪漫研究会」が地域の若者を中心に組織された。

会では、町の将来像を練り上げながら、七月に門前町あげての夏祭りを開催し、かつての不動岡の賑わいを再現している。

また、不動尊境内でも、四月に夜桜を見物させる「桜ミッドナイト」、八月の納涼行事「夕涼みにイカナイト」、九月には参籠堂で行われる總願寺主催の「宵月コンサート」など、今や、地元不動岡のみならず、加須市全体からも注目を浴びるイベントに成長してきている。

こうした、門前町住民あげての新しい取り組みが見られるのも、現代の總願寺の姿を現したものといえよう。

夕涼みにイカナイト

夕涼みにイカナイト

宵月コンサート

宵月コンサート

玉嶹山總願寺 略年表

仁和 2	886	智證大師円珍、光孝天皇の勅命で不動像を刻する。【縁起】
長暦 3	1039	吉見領にあった円珍作の不動像が、洪水のため岡村（不動岡）に漂着。堂をたてる。【縁起】
永禄の頃 1558 ～ 1569		上杉・北条の戦乱に堂塔荒廃する。本尊・逝多迦童子の 2 尊のみとなる。【縁起】
元和 2	1616	僧源信（字は總願）、別当寺玉嶹山總願寺を開基・創建する。【縁起】
宝永 1	1704	江戸で出開帳を行う。【開帳差免留—内閣文庫】
宝永 2	1705	深川永代寺八幡社境内で出開帳をする。松平清武が出開帳に参拝し初穂料を下付する。【總願寺文書 5】、【甲府支族松平家記録六】
宝永 3	1706	不動堂建立される。【總願寺文書 26】
慶安 3	1650	總願寺、朱印状発給願いを寺社奉行に提出する。【總願寺文書 1】
承応 4	1655	開山、宥智、入寂する。【新編武蔵風土記稿】
正徳 1	1711	5 月、總願寺、再度朱印状の発給を願い出る。【總願寺文書 5】 8 月、不動堂の向かいに新参道の開削を願い出る。【總願寺文書 6】
寛保 4	1744	門前借地証文の初見。【總願寺文書 10】
宝暦 2	1752	江戸回向院で出開帳を執行。【開帳差免帳＝国会図書館、總願寺文書 4】
明和 8	1771	客殿その他を焼失する。【縁起】 5 世秀意法印、山門・庫裡を再建する。【縁起】 6 世秀戒法印、堂塔伽藍を整備する。【縁起】
淳和 3	1803	6 世秀戒法印、黄銅常夜灯を建立する。【境内碑文】
文政 12	1829	不動堂再建につき、諸職人請負議定する。【總願寺文書 27】
天保 6	1835	不動堂再建につき、勧進を近隣村落で議定する。【加須市史料編 270】
天保 9	1838	12 世証阿法印、不動堂再建する。【總願寺文書 30】
天保 14	1843	芭蕉翁 150 回遠忌追善碑が建立される。【境内碑文】
弘化 2	1845	羽生正覚院から離末し、京都、仁和寺の直末寺となる。【總願寺文書 34】
嘉永 7	1854	不動尊案内石を日光街道幸手宿に設置する。【總願寺文書 35】
明治 16	1883	黒門・仁王門を焼失する。「関東の不動尊と信仰」
明治 22	1889	門前住人、田村重兵衛が忍城門を移築し黒門とする。
明治 23	1890	14 世蓮舟、仁王門・籠堂を再建する。
明治 34	1901	中央新聞社調査により、全国神仏信者数第一位となる。【境内碑文】
大正 2	1913	敬信会（野本三之助、若林金蔵）が組織され、加須不動岡間の新道開削、境内裏手の庭園式公園設置する。「関東の不動尊と信仰」
大正 7	1918	渋沢栄一来訪記念碑建立。
平成 19	2007	平成の大改修発願。
平成 20	2008	仁王門改修。
平成 21	2009	籠堂を改修。
平成 28	2016	水屋移転。
平成 30	2018	大玄関改修。
令和 2	2020	大日堂改修。

不動ヶ岡不動尊 總願寺 境内図

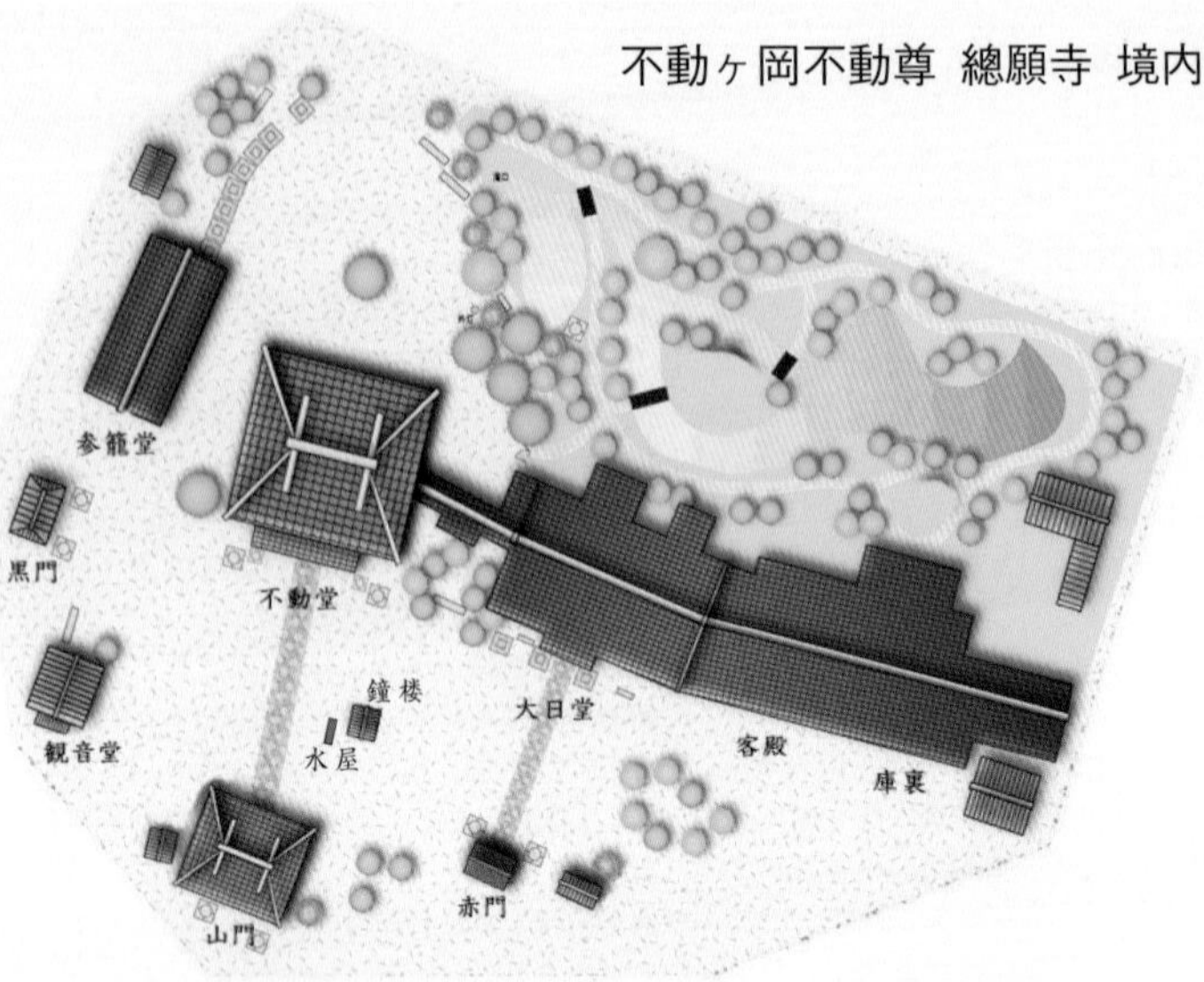

總願寺への交通